AKA Louis

Ô, Rose Noire d'Iran

Pèlerinage Vers L'Unité Interne De La Beauté

© 2018, AKA Louis
© *Silent N' Wise / Silencieux X Sage*
Couverture, Photos, Textes et Artwork
Par AKA Louis
Editeur : BOD – Books on Demand,
12 – 15 rond-point des Champs Élysées, 75008
Paris
Impression: BOD - Books on Demand, Allemagne

ISBN: 9782322092109

Dépôt Légal: Janvier 2019

Table des Matières

I/ PRÉAMBULE

La Beauté Noire d'Orient   /9
A Propos de Style   /11
La Ponctuation Dans Le Texte   /12

II/ TEXTES POÉTIQUES

189 Textes Poétiques Sur L'Unité
Interne de La Beauté   /15

III/ BIO x INFOS

Bio   /173
Contact x Liens   /174
Ouvrages de L'Auteur   /175
Conseils de Lecture/1   /177
Conseils de Lecture/2   /178

'Il Faut Voir
L'Amour Tel
Qu'il Est...

Comme Une
Fleur de
Pauvreté...'

'AKA'

Pré Ambule.

'Il Est Temps
De Boire
Du Vin…'

'AKA'

'J'Ai Tant Appris
De ma Pauvreté

Que Je Lui
Ai Offert
Des Fleurs...'

'AKA'

La Beauté Noire D'Orient

L'Ecriture des OEuvres Les Plus
Intéressantes se Fait Toujours par
Hasard Poétique. Elle Recoupe, Cependant,
Les Thématiques qui Sont les Plus Chères
à Un Auteur.
Nous Avons Vécu un Dilemme et une Lutte
Intérieure et Extérieure, Sociale,
et Spirituelle, Avec la Couleur Noire, et les
Préjugés qui Lui Sont Associés.
L'Invitation des Poètes à La Prière
de L'Ivresse, et au Pèlerinage
Intérieur Vers L'Asie et l'Orient,
Nous a Permis de Nous familiariser
avec une Expérience de la Couleur
et de La Beauté Noire qui s'Est
Révélée Exceptionnellement différente
du Réel de la Négritude Pure,
telle qu'On La Conçoit, Ordinairement.
Ce Pèlerinage et Voyage Intérieur
Profond, Nécessite une Lumière
ainsi qu'Une Endurance, Particulière,
Face à des Epreuves que Seul Un
Amour Pieux et Réel peut surmonter.
La Conciliation des Couleurs Noire/s
est un Enjeu de Taille Face à La
Silhouette des Heures les plus Sombres

et Les Plus Ténébreuses de L'Histoire.
Et Il Faut, pour Réaliser ce Défi,

Ne pas Craindre d'Affronter Les Tabous
Les plus Horribles, et les Plus
Inconcevables, et de Faire le Tour du Monde,
Terres et Mers, Afin Que La Lumière
Du Seigneur en Triomphe, pour le Bien
de L'Humanité.
'O, Rose Noire d'Iran' Est un
Hommage à L'Amour Inattendu, à L'Etre Aime
dans Le Secret, Et à La Beauté qui s'Eclipse.
Une Ode à La Rencontre, En Plein
Pèlerinage, Au Détour d'Un Egarement
Poétique, Révélateur de l'Humanité
de Chacun.
Il Faut Faire Le Tour du
Monde Pour Voir La Beauté d'Une Fleur.

…

AKA Louis
Poète x Illustrateur

PS/. : Nos Textes ont pour Trame, une Ecriture
Mélodique et Rythmique, Interne, basée sur
L'Improvisation Verbale. Elle n'Est pas aisée à
saisir, mais Lorsqu'elle est reconnue, la
Compréhension du Texte est facilitée.

Certains Textes sont signés, d'autres non. C'est
purement aléatoire. Nous sommes Auteur de Tous
les Poèmes.

A Propos
De Style

Nos Textes n'Ont de prétention Au Sens Caché. Nous ne faisons qu'évoquer des aspects culturels, accessibles à tout le monde, et à Celui, en particulier, qui sait se frayer un chemin, malgré les apparences trompeuses.

La Dimension Allégoriques et Métaphoriques des Textes des Poètes Orientaux, est faite pour éveiller la Jeunesse, et lui permettre de trouver un Espoir et une Issue. Derrière la façade des Plaisirs, et de la Licence, apparentes seulement, ce sont les plus grands thèmes, et les tensions existentielles les plus épineuses qui sont évoquées et résolues par l'Ivresse. Sans Pouvoir Atteindre l'Intensité et la
Noblesse de ce Vin Pieux, nous avons choisi à travers nos Œuvres, le But de perpétuer un certain Etat d'Esprit, en l'actualisant avec l'Ere Moderne et le Style Contemporain. Les Fondamentaux du Langage soutenu sont là, mais la Fantaisie n'est pas Absente.

Nos Textes nous viennent, spontanément, par improvisation verbale, d'un trait, en général, et *sans mauvaise orientation*. Nous transcrivons un Langage, qui est en fait, plutôt éphémère, mais inscrit dans un Instant *Impérissable et Lumineux*. C'est Le Silence qui parle depuis le Temple de nos Cœurs, car nous 'avons appris à prier avec les Poètes...' D'une Prière qui est Tel *un Vin Délicieux*.

La Ponctuation
Dans Le Texte

Virgule/, : Une virgule marque un léger temps d'arrêt. Idem pour une coupure : (…)
Points de suspension/ … : Les points de suspension marquent environ deux temps d'arrêt et de silence.
Doubles points de suspension/ … … : Deux groupes de points de suspension marquent environ quatre temps soit une mesure d'arrêt.
Saut de ligne : Un saut de ligne marque une pause, bien sentie. Un saut de deux lignes marque une double pause, bien sentie.
Un grand tiret/ _ : Un grand tiret marque une pause subtile, avec appui sur la dernière syllabe.
Retour à la ligne : Un retour à la ligne marque un rejet d'un mot, mis en valeur au début du vers suivant, avec un appui sur la fin du vers précédent.
X ou x : Un « x » signifie « et ».
Tempo : La durée des temps d'arrêt ou de silence se détermine par rapport au tempo de la lecture. Ce tempo est celui d'une lecture « normale ». Elle est plutôt vive et rapide, mais laisse place aux mots. // La rythmique des textes n'est pas toujours évidente, mais elle est bel et bien présente. Le Lecteur doit retrouver la dimension verbale et musicale poétiques, et accéder ainsi à la Signification Interne. Ces éléments de ponctuation ne sont que des indications. Leur utilisation relève parfois, aussi, de l'esthétique. L'emploi inhabituel des majuscules est pure Licence Poétique, et ne doit pas dérouter le Lecteur.

La Rose Noire d'Iran.

189 Textes Poétiques Sur L'Unité Interne de La Beauté.

Que tu Crois
Qu'Une Chose
Existe Ou
Qu'Elle
N'Existe pas

La Différence
N'Est pas
Si Grande_
x Il te Faudra
La Respecter...

'AKA'

1.

Il Faut
Voir
Plus Loin_

Que La
Distance
Des Couleurs...

Ô Rose Noire
D'Iran_

Lune_
D'Horizon
Tranché/e_

2.

La Lune
Ivoire
Dense
S'Est Parée
Des Ailes
Sombres
De La Colombe
Nocturne...

Rose Noire
D'Iran_

3.

J'Ai vu Une
Colombe Noire
D'Iran Voler
Aux Alentours
D'Un Fleuve...
Très Pur_

Les Roses qui
Y Poussaient
Etaient Hâlées...

La Rosée qui
Leur En Perlait

Invisible...

4.

Elle Est Noire
Comme Une
Rose_

Aux Velours
Denses x
Perturbants
Comme L'Ivresse...

Garde-moi
Un Peu de Grâce...

Afin Que Je
Sache Que Tu Es
L'Une...

5.

Ô Frère

Toi Qui Est
Pauvre...

Viens t'Abreuver
De L'Alcool
Sûr_ Du
Seigneur
Le Très
Ivre...

x Danse...!
Danse Encore... !

6.

Tel Un Oiseau
Sur Le Chemin
Des Brises...

J'Honore Le
Cœur Invisible
De Mon Pèlerinage...

Les Plumes
Virevoltantes
De L'Indécence,

Sont Pures
De m'Avoir Vu
Boire La Rosée...

7.

A Mon
Épouse
Sombre...

A Ma Rose
De Velours...

A Ma Chaste
Vertu_
Trouble...

Aux Yeux
Aveugles à
L'Al Khôl...

8.

Tu te
Méprends

Tu Prends
La Fleur pour
L'Arbre...

Le Jade s'Est
Fait Vie_

La Grâce
s'Offre
Sur Le Ban_

9.

Il y a
Des Mots Que je
Ne Prononce Pas...

Il y a
Des Prières Que
Je Fais, Seul....

Lorsque Je Pose
Mon Front Sur
Le Sol...

L'Éclat des
Fleurs
Vient Couronner
L'Orée Sauvage
x Pourpre...

10.

J'Ai Émigré
De la Circonférence
Vers Une Rose
Noire_

Excentrée...

Parallèle, Aux
Vertus, Nobles,
De L'Horizon_

Ô Sphère du
Soleil Pourpre
De Jade
Couronné...

Il Suffit
De Deux
Doigts
Pour Mettre
Fin à L'Existence
Du Monde...

11.

Les Parfums
Sont Perdus_

Si tu Veux
Les Fleurs x Les
Essences Dont
Ils Sont
Issus, Il
Faut L'Être
Aussi...

12.

La Bonne
Gnôle n'Est
Pas Donnée à
Tous_

x Parfois
Les Cuites
Sont Mauvaises...

Viens
Vers Cet Imam
Intérieur
Qui t'Offre
Vin Ou
Nectar à Boire
Par-Delà
Les Ivresses
Que tu Connais

x Prie_
x Prie_
Pour Une Lumière
Qui Soit Bonne...

13.

J'Ai Epousé
Une Rose Noire
D'Iran_

Noble, En
Tenue de Grâce...

Par-Delà
Les Chemins de
L'Inde...
En Paradoxes...

X L'Unicité
Du Pèlerinage
Interne...

Sois Humble_
Tu ne La
Verras Pas...

Sa Beauté Est
Voilée Aux
Yeux du Monde...

Sois Humble_
Tu ne La
Verras...

Sois Humble
x Tais-toi...

14.

J'Ai Epousé
Une Rose Noire
D'Iran_

Par-Delà
Les Chemins de
L'Inde...

Sois Humble_
Tu ne La
Verras Pas...

Sa Beauté Est
Voilée Aux
Yeux du Monde...

15.

Ô Ak/ A.
Gardien du
Feu_

Je Sais
Pourquoi
Tu m'Appelles
Mon Frère...

On s'Est
Rencontré Sur
Le Même
Chemin de
Pèlerinage...

Accepte Mon
Salut de
Politesse à
L'Iranienne...

'AKA'

*'Bénédiction/s
à Un Frère'*

16.

Dans Les Ères
D'Antan_
Malgré Les
Mirages du Désert_

La Foi En
L'Unité

Ne Distinguait
Pas l'Un de L'Autre...

Si tu Sèmes
La Division
Chez Autrui
Elle Existera
Chez toi Aussi...
Donc...

Médite...
En *Ḥurūfī*
Sur L'Essence
Des Lettres
Qui Fait Fleurir
Le Pourpre de
Ton Cœur_

17.

Venu En Pèlerinage
En Perse

J'Ai Surpris
A Boire
Au Bord de La
Rivière_
Une Gazelle
Ébène_
Aux Éphélides
Ivoire_
Aux Courbes
Justes_
x Au Regard
Sage...

Empourpré
Du Vin de La
Vision

Je L'Ai Vue
Se Transformer
En Rose,
Puis se Draper
De La Lune_
En Unité
Inconcevable...
Mais Bien Réelle...

18.

Ô Colombe...

Roucoule_
Dans Mes
Oreilles...

Par La Grâce
D'Une Embellie
Pourpre...

Je Veux Bien
Succomber
Aux Plaisirs
De L'Âme...

'Colombe Noire'

19.

Tu Es Noire
A Mes Yeux...

Tu Es Ombre
Suprême...

Tu Es Lune
Vertueuse...

Tu Es L'Eau
Qui Ruissèle
De Grâce...

20.

Tu Es Comme
Une Mère...

Tu Es Comme
Une Mère
Qui Défend
Son Enfant_

Sortant
Tes Griffes_
Au Versant
Doux_
Face Au Lion
Qui Assaillit

Tu Es Comme
Une Mère x
Une Epouse
Qui ne
Révèle pas
Son Maitre...
... Solide...

Tu Es Comme
La Panthère_
Royale,
Féline,
Faisant Fleurir
Des Lys, Sur
Son Passage...
... Tranquille...

21.

Le Dôme...

Le Dôme...
Surmonté d'Un
Rossignol...

Est de Couleurs
Profondes_
A En Faire
Rougir La Nuit...

D'Ivresse/s x de
Colombe/s...

Brunie/s d'Amour
En Forme de Cerises

Qui Telles des
Perles de
Chapelet...

Offre Délices_
De Paradis
Inaccessibles...

Le Dôme...
Est Le Fez_
Arrondi_
Qui Protège
L'Arôme_
Sois-En Averti... !

22.

Tu t'Es
Drapée de Volutes
De Textures,
Intenses...

Epousant ton
Corps_

Tu Danses
Parmi Les Ondes,

Avec Aux Paupières
Les Fards des
Nuits_
Troublées...

Cacheté,
Est Le Secret
D'Essences_
Du Parfum,
Blotti...

Dans Le Cruel
Drame_ d'Amour_
Dénué de Sens...

Appelle-moi de
Ta Pudeur_
x Je Serais
Conquis...

Appelle-moi de
Ta Pudeur_
x Je Serais
Amoureux...

23.

J'Ai Trouvé
Le Zéro
De L'Equation
Ambidextre...

24.

Si tu Veux
Respirer Le
Parfum d'Une
Fleur il te Faut
Aimer Les Essences
x Les Tourments
D'Amour/s...

25.

Je Marche Sur
Un Lit de Pétales
Sur Un Air
De Qawwali
Enjoué...

Je Hoche La
Tête Sur Les
Mélodies de Voix
Enivrantes
En Extase/s...

Ne Donne Pas
L'Air d'Hésiter
Face à Mon
Aspect de
Danseur Perdu...

Je Porte
Fièrement Le
Bonnet Safran
Comme En Inde...
Toujours Riche
De Surprise/s...

26.

Ne me Cache
Pas Ton Corps,
Il Est Joli_

Il Est Paré_ de La
Soie Noble de Tes
Cheveux...

Noir/e/s...

Toujours Prêt/e/s
A Boucler...

Sers-moi Une
Coupe de Vin
Que Je Sois Ivre
Des Secrets...
De La Taverne...

27.

Les Rues
Des Tavernes
Du Néant_
Sont Pleines
De Derviches...

Aux Aguets
D'Une Aurore
Aux Allures de
Mahdi...
De Blanc Vêtu_

Les Lueurs
Du Soleil
Pourpre
Aux Effluves
De Roses...
Enivrantes_

Naissent
De Sélènes
Eclipses
Promptes
En Bénédiction/s
D'Enfant/s Sacré/s...

28.

Cœur
Percé_

Salutations
Persanes...

Visage
Rose_
x Joues
Pourpres...

Politesse
x Courtoisie
Entre_ Frères
D'Ivresses

29.

Je n'Ai pas
La Prétention
D'Avoir Une
Religion
Aux Yeux des
Autres...

Je Lave mes
Mains, x mon
Visage
x Marche
Pieds Nus Sur
Un Tapis de Fleurs
Pures...

30.

Je n'Ai pas
Voulu de Babylone

Je Marche dans
Les Allées des
Jardins Persans...

31.

Ivre_
x Chancelant,
Je Sais
Pourquoi Je
Bois...

Triste x
Egaré_
Sais-tu
Pourquoi tu
Pries...?

J'Aspire
Au Grave_
Qui ne Laisse
Que des Fleurs,
Closes...
Sur Le
Chemin_

J'Opère
Un Retour_ Dans Le Temple
Des Corolles Eternelles...

32.

Je Marche
Avec Les
Derviches x
Je me Tais...

Je Brave
L'Interdit
De La Grappe,
x En
Délivre
Les Fleurs_
Les Plus Closes...

J'Esquisse
Le Sermon du Vin
Pour Ceux qui
Savent En
Boire...

Défenseur
Du Raisin_
Je Défie
Les Nombres
Par Un Chapelet
De Perles,

Redoutables...

33.

J'Ai Touché
L'Orée
De La Perse...

J'Ai Vu
Le Trône de
Babylone,
x Je n'En Ai
Pas Voulu...

Loin des
Mirages Désertiques
De La Terre Fertile...

Je Danse pour
Quelques Fleurs
Enivrantes Aux
Parfums Bien
Réels...

34.

Le Temps
De Caresser
Une Colombe
Au Parfum
Redoutable...

x Les Volutes
Aux Couleurs
D'Onyx_
Se Sont Déjà_
Eclipsées...

J'Ai Epousé
L'Arôme
Sucré_ x
Tendre...
Velours_

x J'Ai Goûté
La Fleur de
L'Ivresse...
Au Cœur
De L'Astre_

35.

J'Ai Appris
Ma Religion
Dans
La Rue...

Ne Crois
Pas que
Je m'Y Suis
Attardé...

La Pauvreté
N'Est pas
Donnée à tout
Le Monde_

C'Est Un Trésor
A Garder Près de
Son Cœur...

36.

J'Ai des
Frères Dans
la Différence
x La Diversité...

J'Ai des
Frères qui
Boivent du
Vin Dans des
Coupes
D'Autres
Couleurs...

37.

Je Donnerai
Tout Pour
Une Brune_

Aux Lèvres
Douces_
Au Goût de
Cerises...

J'Ai Encore
Souvenir
De toi_

De Ton Dos
Parfumé_
Aux Reflets
De Jade...

38.

J'Ai
Accordé
Au Vin_
L'Honneur
Que Je Lui
Devait_

J'Ai Siffloté
Avec Les Oiseaux
Le Chant de
L'Aurore
Chaleureuse...

Pour Une
Preuve d'Amour
Indécent_
D'Encens,
Parfumé_

J'Ai Fait
Preuve
D'Humilité
Devant La
Fleur_
A Peine
Eclose...
x Encore Frêle_

39.

J'Ai Le
Goût d'Un
Bel Oiseau
Rouge_

Pour La Rosée
D'Une Fleur...

J'Ai L'Ivresse
Tendre x_ Fleurie
Tel Celui, qui,
Tôt ou Tard
En a Bu...

J'Ai Esquissé
Un Chant
Aux Courbes_
Troubles_
De La Geste
Sélène...

Qui A Fait
Eclore Le Désert,
En Corolles_
Redoutables x
Les Oasis_

En Refuges de
Pureté...

40.

La Prière
La Plus Fleurie,
Est Source
D'Ivresse...

Elle Incite
A La Danse,
La Transe,
x Ouvre Le
Cœur
Aux Oraisons
Pourpres...

J'Ai
Toujours_
Un Verre de
Vin, Non Loin_
De Mon Tapis, Rouge...
x Parfumé de Musc...

J'Ai Toujours,
Le Livre,
Serein_
Pour Les
Occasions
Closes_
Des Aubes,
Les Plus Sobres...

41.

De La
Lumière x
Des Oiseaux_
Jolis_

Transpercent
Une Pluie de
Pétales_
Rouges...

Reflétant,
En Tourbillon_
D'Amour_

Des Tourments,
D'Extases_
x D'Ivresses...

42.

Viens
Comme Un
Frère...

Ne Relâche
Pas ta
Pudeur
D'Être Ivre_

Oublie Le
Qu'En Dira-t-On
Qui Fait des
Orgueilleux...

Sois Pauvre,
x Mets-toi
A Danser
En Derviche...

43.

Je Crois
En La
Religion
De L'Amour_

L'Humanité
Se Vit,
Mais ne
Se Maitrise
Pas_

Je Bois du
Vin_ Jusqu'à
L'Oubli...

Mon Âme
Fleurit_
En Corolle
Pourpre...

44.

J'Ai vu
La Gazelle
Gambader
Puis Lancer
Un Regard
Furtif...

Je L'Ai
Béni
Pour Les
Corolles
Qui Ont
Fleuri
Sous Ses
Pas...

45.

Les Murs
Se Fissurent
De Roses
En Corolles...

Le Goût_
Du Pourpre
Vin_
A de L'Allure...

Certain
Est Le Prix
De La Grâce,
En Oubli...

Le Maure,

Est Vêtu de
Blanc_
x Tu Le Sais...

46.

J'Ai Une
Manière de Danser
Que Je Réserve
A Quatre Murs...

Si tu Ne Sais
Pas Rire Avec
Moi,
Ne Jalouse pas
La Pauvreté
D'Un Derviche...

47.

Buveur
De Vin_
Carmin

Danseur
En Transe_
Caramel...

Homme de
Culture_
C'Est Sûr...

Ivrogne,
Trop Pieux_
Pour Survivre...

48.

Tu As Fait
Le Deuil de ce
Monde...

Bienvenue Au
Royaume des
Derviches...

Bois Cette
Liqueur de
Roses...

49.

Les Derviches
Vêtus de Blanc
Sont Guidés Par Le
Parfum d'Une Corolle...

50.

J'Ai Vu Le
Trône de
Babylone
x Je n'En Ai
Pas Voulu...

Laisse-moi
Respirer
Le Parfum de
La Fleur des
Pauvres...

Je Suis Ivre
De Danser
Tel Un
Egaré...

51.

Il Faut
Choisir
Sa Manière
D'Aimer...

Par-Delà
La Misère
Des Ronces_
x La Clairière
Des Orbes...

J'Ai Pris
Un Peu de Vin
Pour Faire
Fleurir
L'Audace
Des Beaux Jours
Prudes...

J'Ai Esquissé
Une Danse_
D'Essences_
Ivre d'Eau Claire,
Sous Une Pluie
De Pétales...

52.

Ô Rose
De Beauté
Pure...

Un Grain_
De Clarté
Est A La
Joue...

De L'Un
De Tes Pétales
Recourbés...

Pour La
Gloire
De Procurer
L'Ivresse_
Au Derviche...

53.

Pourpre
Est L'Horizon
Pur_

Rayonnante
La Gloire du
Jaspe

Or_

Etincelant
De Doux
x Relevés...

Parfums
Inspirant
La Danse
Des Ivres
Au Derviche...

54.

J'Ai Vu
Les Anges
Vêtus de Lys_
Tourner Autour
D'Une Rose
Noire...

Au Parfum
Abscons_

Exhalant des
Tourments de
Vie_

En Une Danse_
Prodigieuse...
Lancinante
En Poésie

De Grâce x
De Pardons_

Pour Un
Temple de
Miséricorde...

55.

Sur Les Bords
De L'Euphrate
x Du Tigre...

Je Cherche
La Voie du
Milieu...

Je Sais que
Tu Partages ma
Douleur_
Ô, Mon Frère...

Bois Cette
Coupe x Guéris...

Cette Eau
De Vie x
D'Ivresse_
Saches qu'Elle
Est Née d'Une Rose...

56.

Rose Unique
Du Soir

Courbes
En Cercles
De L'Un...

Pétales
En Roue
De Fortune...

Ivresse/s
Juste/s
D'Être
Pauvre...

57.

Je Marche
Sur Une Voie de
Miséricorde...

Je Tends La
Main Au Frère
Qui s'Oublie...

Je Verse
Un Peu de Vin
Pourpre Sur Le
Sol...

Pour Ceux qui
N'ont Jamais
Bu de Leurs Vies...

58.

Je Marche
Sur Une Voie de
Miséricorde...

Je Tends La
Main Au Frère
Qui s'Oublie...

Je Verse
Un Peu de Vin
Pourpre Sur Le
Sol...

Pour Ceux qui
N'ont Jamais
Bu de Leurs
Existences...

59.

Je Marche
Sur Une Voie de
Miséricorde...

Je Tends La
Main Au Frère
Qui s'Ignore...

Je Verse
Un Peu de Vin
Pourpre Sur Le
Sol...

Pour Ceux qui
N'ont Jamais
Bu Sur Leurs
Chemins...

60.

Ô Religion
D'Amour...

Ô Velouté,
De Rose Noire_

Aux Pétales Doux_
Procurant L'Ivresse...
x L'Oubli Des Peines
Dolorisées...

Face à L'Éclat
De L'Aube...

Qui Fait Danser
Les Limbes Les Plus Jolis_

J'Entrevois
Une Issue
Au Grave

Riche de Lueurs d'Espoir...

61.

Perles de
Raisins Noirs...

Etendue
D'Emeraude
Sarrazin...

Ode à L'Art
De Boire Sans
Être Ivre...

Victoire
Sur Le Mal
D'Être Sobre...

62.

Mon Frère
x moi, On a
Partagé Un
Moment d'Ivresse...

Puis, On a Marché
Ensemble,
x Prié,
Dans La Rue...

Nous Avons Posé
Nos Fronts Sur Le Bitume,
Puis Il m'a
Fait Dire
Les Mots...
Brefs x Précis...

Ensuite,
Il m'a Regardé
x m'a dit:
Tu Es Mon Frère...
A Présent_
Je te Le Dis_

'AKA'

63.

Entre_ Un
Verre de Vin_
Pourpre...!

x Un Narguilé_
Rempli_ de
Pétales...

Je Navigue
Dans Les Dimensions
Subtiles...

De La Perse
Onirique, x Parallèle...

Ne Crois Pas
Que Je Sois Perdu

Je Crois En La
Poésie, x C'Est Tout...

Si tu me Cherches
Tu Sais Où me Trouver...

En Une Taverne,
Allongé, Entouré de
Jolies...

64.

Mon Soi
M'Est Apparu
Sous Sa Forme
Supérieure...

Celle d'Un
Homme Mûr_
En Habit_ Doux_
De Prière...

Quand Je L'Ai
Vu, j'Ai Eu Peur...

J'Ai Cru à
Un Drôle d'Avenir_

Il Avait L'Air,
Enjoué, Tel
Un Partisan_
Totalement *Ivre*...

Mais Lucide...
*Bon_*
x Prompt à Bénir...

Pour La Gloire
Du Vin_ x d'Un Jardin
De Corolles...

'AKA'

65.

Etourdi_
x Hagard_

Entre Deux
Volutes de Jade
Fluorescentes...

Je Médite_
Entre Deux Eres...

Assoupi_ Sur un
Tapis_ Rouge...

Serre moi_
Un Dernier Verre_
Ô, Demoiselle
Aux Irréelles Courbes ...

Je Veux Caresser
La Fleur de Vivre...

x Être Ivre_
Jusqu'à Dodeliner...

66.

Je me Suis
Retrouvé à La
Rue à L'Âge de
16 Ans...

C'Est Ainsi
Que Petit à Petit
J'Ai Rencontré
Des Derviches...

Il m'Ont
Approché,
Lentement_
En me
Parlant Le
Verlan...

Puis m'Ont
Proposé des
Corolles_ Inédites...

x Jamais Vues...

'AKA'

67.

Le Dervichisme
Est Une Voie
Embrasée d'Insolite...

Ne L'Emprunte
Que Celui qui a
Tout Perdu...

'AKA'

68.

La Rose a
Dû Être Jolie
Pour Que tu
Perdes
Tout...

'AKA'

69.

Tu Danses
Enivré x Drôle
Car tu As Vu
La Fleur des
Pauvres...

'AKA'

70.

Ô Rose Noire
De Perse...

Aux Allures
De Feux
Eparses...

En Visions,
Alcoolisées...

D'Hirondelles,
Battant Le Rythme...

Des Printemps
Avérés_
Aux Saveurs
De Vin_ Pourpre...

Ce Soir, Je Suis
Derviche...

Maintenant_
x A Jamais...

Evanescent_
X Trouble... !
D'Existence/s,
Indémontrable/s... !

71.

Le Voyage
Intérieur_
Mène Vers_ des
Nomades,
Porteurs d'Indigos
Aux Reflets Sombres...

Buveurs de Thés
Aux Parfums de Rose_
Noire...

Chevauchant,
Sur Chameaux_
Les Dunes_
Redoutées, du
Désert...

J'Ai dû Combattre
Pour Avoir vu Une
Gazelle... Pure...

J'Ai dû me Battre
Face A un Sabre_
Promettant, Le
Paradis, Trop Vite...

Puis, J'Ai
Epousé, Une Fleur
Tendre_ De Pauvreté...

Aux Parfums si Doux_
Que Je me Suis_ Evanouis...

72.

Le Disciple
De La Colombe...

Brûlé Au Feu
Grave de L'Errance,

A Fini *Qalandar*

Sous Un Nom Béni_

Prince Parmi
Les Derviches...

x Exemple Pour
La Jeunesse...

73.

Que tu Sois
Partisan de
L'Ivresse...

Ou Danseur
Groggy d'Être
Sobre...

x Tranquille...

Tu Finiras
Rouge_ Dans Le
Temple de Shahbaz...

Si tu Bois Le
Vin de La
Pauvreté...

'AKA'

74.

Fées x Fards...

Effets d'Eau
Forte...

Facéties de
Fantaisies
Pour Funambule...

Le Souffle_
Vaut Bien_
Le Fantassin
Qui Sifflote...

Quand L'Âme
Se Revêt_
De La Mélodie
Du Nay...

75.

Le Cortège
Des Lettres
Aura Sa
Vengeance...

Le Choralisme
De L'Être
Opaque Aura
Son Dû...

Pour Connaitre
L'Issue
De L'Errance_
En Quête de Vin,

Médite
Tel *L'Ḥurūfī_*
Fazlullah,
x Nesimi
Son Poète...

'AKA'

76.

Mon Ancêtre
Portait des
Dreadlocks...

Comme Les
Partisans d'Ivresse
Sur Les Bords de
L'Indus...

Il Fut Vendu
Pour Quelques
Carats...

Aux Flots_
Impétueux,
De La Servitude
...
Par-Delà Les
Iles...

Vers Les Contrées
Rouges de
Sol x Dunes...

Puis s'En Est
Retourné
D'Où Il Est Venu_
Mais Libre_
Sans Que Permission
Lui Fut, Un Jour, Demandée...

'AKA'

77.

Le Disciple
De La Colombe
N'Est Pas
Un Inconnu...

Il a Fini
Qalandar
Après Avoir Eté
Trahi Pour Fait/s
De Prince...

Sois Humble,
x Oriente-toi
Vers Le Levant...

Il y A_ de
La Lumière, Pour
Ceux Qui Ont
Bu Le Vin des
Pauvres...

'AKA'

78.

L'Educateur
Qui Guide
La Jeunesse
Des Rues_
Connait
La Pauvreté
D'Un Enseignant
Vertueux...

Il Fait
Preuve de
Clarté Face à
L'Inconnu...

Un Trésor
A Ne Pas
Convoiter...

Une Humilité
A L'Epreuve…

'AKA'

79.

Les Perles
Du Raisin Sont
Indénombrables...

Le Coulis du
Vin Gros
Coule En
Ribambelle/s...

Je Bois
A La Mesure
Des Etendues
De Vignes,
Inlassables...

De Fleurir_
En Ivresse/s
De Corrélation/s
De Dunes...

'AKA'

80.

J'Ai Tiré
Un Sabre
De Ton
Sourire...

Pour Dessiner_
Un Destin
Funeste
A Ceux qui
Maudissent
La Pureté
D'Une Fleur...

Avant de Dire,

Que Nul n'A
Vu Ce qui
N'Est Ecrit_

Lave Bouche,
Visage, Mains_
x Pieds...

x Incline toi
Sur Tapis
Rouge_ !

'AKA'

81.

Je Bois pour
Ceux qui Ne
Boivent Pas...

Je Bois pour
Ceux qui Ne_
Peuvent Pas Boire...

Ô, Frère...
Réjouis-toi_
Qu'Une Fleur
Ait Eté, Exquise,
En Vertu_ de Corolle
Pourpre...

La Rosée_

Ne Fait pas de
Souvenirs_

Pour Être Trahie,
En Mépris de Sage/s...

'AKA'

83.

Je ne Crois
Pas à Ce qu'On
Apprend...

Je Crois à Ce
Qu'On Vit, Bois
x Mange...

'AKA'

84.

Je Marche Avec
Ceux qui Mangent
x Qui Boivent...

'AKA'

85

Qu'Est ce
Qu'Un Poète... ?

Quelqu'Un
Qui Sait Combattre
Le Mal...

Le Mal C'est de
Ne Pas Vivre...

85.

Qu'Est-ce que
Noir Veut Dire... ?

Vœux D'Ire... ?

Vaut d'Or_ ?

Quand L'Obstacle_
S'Est fait Couleur
Du Soir_

Sans Croire
Qu'Un Matin_
Est Toujours
Célébré... ?

Abstiens-toi
D'Opar...

La Jungle n'Est pas
Faite pour Tout Le
Monde...

x Les Richesses
De L'Âme...

Ne se Trouvent Que
Dans Le Désert... !

86.

Je Sais
Ce Que J'Ai
Dans Le Cœur_

Encore...

Des Caresses_

x Je Meure,
En Souvenirs
D'Ecloses_
Fleurs...

D'Aubes_
Probantes...

Excuses, de L'Avenir...

Exquises...
Ecluses_
D'Esquisses_
De Lumière_ En Flots,

D'Art Pur_ !

87.

Quand Il y a
Détail_
Il y a Mort
D'Homme
x Affaire
D'Etat...

A L'Aube_
Les Oiseaux
T'Enverront
Un Cygne de
L'Autre...

88.

Prêcheur
Des Vertus En
Corolles...

Adepte des
Mots Doux du
Hasard...

Connoisseur
Des Parfums
Prudes du Vin
Pourpre_

Cygne de L'Aube_
x Imam du Raisin...

89.

Je Suis Le
Bouton de Fleur
Qui n'A pas
Voulu Être
Cueilli...

Je Suis Le
Pétale
Tombé_
x Frêle,
Plus Doux
Que La Brise...

Je Suis La
Corolle
D'Ivresse_
Maitresse
De Volupté...

En Pureté
Traitresse_
A Qui ne Sait
Pas La Craindre...
x La Croire...

'AKA'

90.

Que tu
T'Interroges
Sur ma Foi

Ou Le Degré
Intense
De Mes Prières...

Saches Que
Je ne Répondrai
Pas_
A La Question
De Savoir Si
Je Crois Ou Pas_

Quand Je Veux
Craindre Mon
Seigneur_
Je Bois Un Verre...
x Je Pleure...

Quand Je Veux
Une Fleur_
De Grâce_
J'Ecris Un
Poème de Vertus_

'AKA'

91.

Ô, Rose_
De Scintillance
Sombre...

x Pourpre,
Eclose_
En Territoire
D'Anges...

La Braise_
De Lueurs
D'Aube...
x De L'Art d'Être
Ivre...

S'Avère_
En Cadence...
Parfumée,

De Précipices...

Rose Noire... !
De Quelles
Ronces_ Est
Ton Calice... ?

'AKA'

92.

A La
Recherche
Du Rien...

J'Honore Le
Pétale Le Plus Libre...

Pour Que Le
Sombre,

Ne Soit pas Au
Dessus du Sombre...

x Verse Liqueur
Rousse...

Par Défi
Pour Le Mépris_
Ciselé....
X Terrible...

Mais Vaincu,
Par La Terre
Humble de Gloire
x De Miséricorde...

93.

Choisis Bien
Les Cendres, que
Tu Veux Répandre...

La Bêtise
N'Est Que Poussière...
x La Terre_

Fait Fleurir_
Des Corolles, de
Bonté/s_ En Passion/s,
Aubépine_ d'Aubes_
Victorieuse/s_ du Mépris...

... On a Fait des
Signes_ de La
Main...

x On a Porté_ des
Habits Sombres...

Pour ne Pas
Avoir Compris_
Qu'Une Rose_

A Pour Beauté,
D'Avoir Soumis...

L'Orgueil
D'Avoir Vu x D'Avoir Cru_

Ô, Rose Noire_ !
Je Suis Un Mécréant…
Interdit… !

Laisse-moi
Respirer Ton Parfum…
De Beauté Salvatrice…

Le Vin Est Pour Les
Âmes Conquises à L'Art
D'Être Pauvre…

Le Vin Est Pour
Les Âmes Eprises
De Lumière x de Vie…

94.

Avoir de La
Culture
C'Est se Battre
Pour Survivre…

95.

En Poésie,

J'Ecris des Rythmes
x des Mélodies…

Les Mots ne Sont que
Métaphores De La Beauté
D'Une Fleur…

Exquise,

En Parfums Troubles_
Pour L'Âme…
Qui n'A Pas Appris

A Aimer_
Sans Pardon, Pour Les Bénédictions
Incompréhensibles…

96.

J'ai vu
Un Jardin
De Roses
x d'Eau Claire

Je suis
Un Fils
X Un Frère_
Saches Le.

J'ai épousé
Une *Maitresse*
Noire...
D'Orient_
x Sa Peau,

Était telle_

Le Velours
D'Une Rose...
Autarcique...

97.

Ma Rose Est Noire
Mais Elle Est
De Lumière...

98.

Je Reviens
De Très Loin...
x J'En Suis Humble...

Je ne Suis
Pas *Dieu,* x Je
Le Sais...

Très Bien_

Je Bois Du Vin
Rouge x Tendre,
Pour Me Taire...

J'Entrevois
Les Oiseaux
Dessiner
L'Horizon du
Néant...

Lumineux_

99.

Du Derviche
Echevelé...

Au Bonze
Tête Nue...

Il n'Y a
Qu'Un Verre
De Vin_

Ou Une Fleur
Parfumée...

Ne Retiens pas
Le Vent...

Il A Vite
Fait de
Faire_ Eclore_

Des Corolles
Incognito_

Aux Horizons_
Du Néant...

100.

Ô Frère,
Je m'Incline
Tous Les Jours...

Sur Un Tapis,
Rouge, Beau, x
Brûlant...

Auprès Duquel_
J'Ai Posé,
Un Verre de Vin

x Un Livre,
Sacré Aux
Accents Poétiques...

Ne Conçois Pas
L'Ivresse qui
Veut... Ô Frère

A Moins_ d'Avoir
Eu Le Cœur
Esseulé,

En
Amant de Fortune...

Un Pétale, ne
Sert_ de Couronne

Que si Il Est_
Connus d'Autres, Versés En Solitude...

101.

Je Bois du
Vin Par Humilité...

Afin Que tu
Saches que Mes
Prières ne Sont pas
Vaines... !

Je Danse La Tête
Baissée...
Puis, La Lève,
Vers L'Orient...

En Derviche,
Avide d'Essences
x De Parfums...

En Rien, Le Néant,
N'A à Révéler,
Le Pourquoi, de
L'Ivresse Aux Faux
Soûls... x Aux Faux
Ivrognes...

Jamais En Dessous...
J'Atteste,
Que L'Orée, Est
Un Front, Posé Sur Un
Sol. Désertique...
d'Oasis. Humble.

102.

Les Anciens
Buvaient du
Vin, x Ils Savaient
Pourquoi...

Très Ivre,
Tu Viens Vers
Le Levant, Dans un
Etat, Précaire...

Ô Frère_
As-tu Laissé
Chapelets x Livres,
Au Caire, A Kairouan_ ?

Seuls Les Pauvres_
Parviennent
Au Sanctuaire
De L'Art du Verbe Beau_
x Assassin_

103.

Quelles que
Soient Les Apparences
On ne Joue Jamais
Avec Les Lettres...

104.

La Lettre
Est Plus Précise
Que le Chiffre...

L'Esclave,
Plus Tranquille
Que Le Chef...

L'Attitude
Mentale, n'Est
Pas Sans Répit_

La Grisaille_
Moderne s'Est
Soumise_ Aux
Droits de L'Aube...

105.

Le Preux
Derviche_ Est
Dans Son Temple...

Pas Au Dehors.

Entre Quatre
Murs Est La Danse
Des Enivrés...

Une Coupe de Vin
Vaut Bien Un Livre_

Sauf à L'Amer/tume...

Pour qui Le Miel
N'A Pas Un Goût
De Fleur...

'AKA'

106.

Le Poète
Fait Naitre
D'Un Poème Une
Fleur...

Tout comme

L'Enfant Sacré
Fait Naitre
Une Colombe_
D'Une Brise...

Sois Bon_

Crois En ton
Cœur x à Ce que
Tu Ressens...

Sois Ivre_

Persiste à
Danser
Jusqu'à Ce que
L'Ange de La
Mort Nous Sépare...

Sois Libre…

107.

Ta Danse Est
Sacrée_

Ô Mon Frère...

Ta Danse
Fait Tourner
La Tête comme
Le Vin...

Doux_

X Grave...

Empourpré_
Est Le Sens
Des Essences
Exquises...

Menant, Au
Néant Pur_
De Toute Existence...

Jusqu'à La
Rougeur Couleur
Pétales de Ton Fez...

'AKA'

108.

Je Bois du Vin
Par Amour...

x Par Plaisir
Aussi...

La Grâce de
Vivre, n'A fait
Qu'Un Tour...

Elle Est Venue
Me Rendre
Visite....

Tel Un
Rossignol, Ivre...
De Rosée_
Chancelante,

Sur Un Pétale...

Sur Un Pétale…
De Beauté, Osée…

'AKA'

109.

L'Envol
De Colombes_
Noires...

Au Sein de
Tourments x
Peines...

Fait Naitre
Des Lueurs_
D'Espoir/s...

Reflété/e/s par
Leurs Yeux
De Nacre...

Ivoire...

L'Haleine,

Exhalant des
Parfums de
L'Aube...

Leur Ebène se Confond
Désormais, Avec des Rosaces_
Des Tendresse/s...

110.

Je ne me
Prends pour
Personne

Je Suis Tel que
Je Suis...

Derviche,
Veut dire : Pauvre...

Pauvre...

Veut dire :
Averti...

Je Bois un Verre
De Vin, Pour Rendre à
Mon Cœur, Son Silence...

Je Danse, Afin_
De Perdre Le Sens,
Ambivalent... Du Certain...

Indicible
Est L'Origine
De La Foi La
Plus Audacieuse...

Cristalline, Est La Fleur
Née d'Une Âme Pure En Lumière D'Art...

111.

La Rosée_
M'A Donné_
L'Ivresse
De La Résurrection...

Le Raisin
La Mission d'Être
Versé En Poésie
Bacchique...

L'Oiseau Rare,
Satisfait_
A Pris Le Nom
D'Horizon_
Insaisi...

Pourpre
Est Le Cœur,
Averti...

Ô, Mon Frère,
Soit Sincère...

112.

Un Maitre,
C'Est Rien...

Même un Oiseau
Le Sait...

Quand Le Seigneur
Vient_
Il te Donne du
Vin Pourpre...

A Déguster_
A Savourer....
Tendrement_

Pour Soigner
Ton Cœur...

x Embrasser L'Aube_
D'Avoir Fait Naitre
La Rosée Aux Corolles...

'AKA'

113.

J'Au vu
Une Beauté Noire
D'Orient, Aux Parfums
De L'Inde...

Vêtu d'Un Sari_

Aux Broderies
De Perles Nacres...

Elle Jouait
De La Sitar...

En Délicates
Mélodies...

Parfaites, pour Aborder
Un Soupir, Une Extase...
Une Eclosion
De Limbes, En Rosacées...

J'Ai Eu La Grâce
De La Connaitre_
Assoupi, En Un Jardin_
En Etat de Rêve ou de Songes...

'AKA'

114.

Ô Derviche...

As-tu Rencontré
L'Autre_ ?

T'Es-tu rencontré
Toi-Même... ...
Nul Part...

En Travers_
De L'Horizon_
Parallèle...
A L'Indécence...
Flirtant_
Avec_
L'Inexistence...
Trop Réelle_
Pour Survivre...

Bois Le Vin_
Du Rendez Vous_
Evanescent...

Si tu N'Avais
Vu Celui qui n'Est_
Pas, Devant Lui-Même...

Tu Ne Serais Pas Derviche...
Coupe Pleine, x Débordante...

115.

L'Imam du Raisin
Se Tient à L'Horizon…

Bon x Doux,
En Vertu du Soleil
Pourpre…

Ecoute
Ce Prêche… !

Qui Ravive La Flamme
D'Une Boisson_
En Désir_ Salvateur…

Parcours
Les Boulevards…

En Ivrogne,
Esseulé, x Pauvre
D'Un Cœur qui A vu
Le Mal…

Car,

Il y A
Justice En Amour...

x Elle Dessoûle
Le Corps, des Moments
Rêvés Autant que de La
Folie de La Joie Conquise...

x Il y A Ethique_
En Bravoure...

Garde pour toi,
L'Objet de ta Défiance,
Jusqu'à Ce que La Fleur de L'Innocence
En Soit Délivrée...

'AKA'

116.

Une Fleur Fraiche
Au/x Parfum/s de
Langueur...

Radoucit le Vin_

Que J'Apprécie...
De Bon Matin_

Après La Prière...

... Les Arômes Fruités
D'Indécence...

x De Cadence
De Perles Ânonnées...

Appellent à La
Prudence...

Quand Il s'Agit
D'Evoquer_ L'Ivresse
Imprévisible...
Susceptible de Provoquer,
L'Eblouissement...!

117.

Tel Un Cygne
Blanc_
Aux Yeux_ *Nacres,*
*Ebène_*

Sur Un Lac_
Pourpre...

Flottant_
A Même_ La
Surface Délicate
Miroitant
Le Calme de L'Aube...

J'Opère, Un
Retour Au Centre...
Comme Si_
La Sobriété n'Avait
Jamais Existé...

Comme Si La
Sobriété n'Avait
Jamais Existé...

Etourdi, de
L'Ivresse de Vivre,
Encore...

118.

A Mesure que
L'Ébène...

Fleurit En
Rosaces de Velours...

J'Appréhende, moi,
Derviche_

Adepte d'Un Vin
Pur_ x Délicieux_

La Crainte qui
Fait S'Evanouir
La Peur...

x L'Ivresse qui
Fait s'Epanouir
L'Espérance...

Brûlante du Désir_
D'Être Libre...

Ô, Feu de L'Aube,
Né d'Un Astre…

Lumière d'Onyx...
Etincelant de Songes…

119.

Dans ma Jeunesse
Turbulente
De Désespoir...

J'Ai Eté Approché
Par des Derviches...

Ils M'ont dit
Viens Nous voir...

Toi,

Qui Marche Droit
Vers Le Précipice...

Il y a Chez Nous
Du Vin à Boire...

x L'On Danse, x
L'On Chante...
X, Récite des
Poèmes...

Je Suis Allé
Vers L'Aurore des
Marges Enivrantes...

x Ne Suis Plus
Jamais Revenu...

120.

La Flûte
Bansurî...
Virevoltante...

Célébrant La
Justesse des Chants
De L'Aube...

M'a Guidé
Vers La Musique
Interne...

Des Silences
Riches En
Mélodies...

121.

L'Ivresse n'A
Pas de *Maitre/s*...

L'Eau Fraiche
N'a Pas de Masque...

Pourpre_
Ou Alcoolisée...

Tourment/s de
L'Extase Brève...

A L'Intensité_
Enveloppant_

Le Joli Cœur...
Qui a Froid...

Afin, qu'En
L'Ivresse La Plus Sourde…

Ne Demeure Point
De *Mal*...

122.

Les Jeunes
Gens Aiment
Les Poètes...

X Leur
Goût Pour Le
Cocasse Fleuri...

Les Liserés
D'Arabesques Florales...

A La Limite De
La *Kurta* du Maure...

... Porte Fièrement
Le Fez...

Ô Derviche...!

Bois Un Peu de Vin
A L'Avenir...

Il Est Eclos En
Rosaces, Déjà...

x D'Ivresse/s....

Il Est Pourpre
x Lumineux, Telle
Une Rose Sauvage...

'AKA'

123.

Ta Peau
Est Noire
Comme La Nuit...

Ou Comme L'Océan,
Sous La Lune
Ivoire...

Ô Princesse
De Jade...!

Courbe_
De L'Ivresse
Sans Reflets...

Dense_
Est Le Tourment_
De L'Encens,
Des Beaux
Jours Occultés...
En Toi_

124.

La Beauté,
Est Elle Une,
Ou Multiple... ?

Contemple
La Grâce En
Eclipse_
Qui n'A Cessé
D'Eblouir...

Par Son Aura,
En Couronne...

D'Effluves,
x De Fleurs...

D'Aubes
x De Parfums
De L'Art...

x Dis moi
Si La Rosace
Noire...

N'Est pas_

Si Elle Est...
... Ou n'Existe...

Qu'Importe...

Dis-moi...

De Toi, Que je
Suis Ivre...

Derviche d'Être
Libre *En Vers*...

'AKA'

125.

Maintenant
Que tu Sais, que
Je Bois

Tu As La
Preuve que Je ne
Que Je ne Suis
Pas Un Saint...

Laisse-moi Danser
En Derviche...

La Lune Ruissèle
De Rosée, Pourpre,
Ce Soir...

126.

J'Ai Payé Le
Prix, Âpre_ x Rude,
De Ma Liberté...

J'En vois Encore
Des Fleurs Eclore
Sur le Chemin des
Bravades...

Une Accolade,
Une Poignée de
Main_
à L'Entrée
D'Une Mosquée...

M'Ont Béni_
x Accordé
Reconnaissance_
Pour une Œuvre
Salutaire
De Fraternité_
De Rue...

En Derviche/s...
Au/x Chapeau/x Pourpre/s...
Prêt à Danser
D'Absence/s x d'Ellipse/s...

127.

Je Suis
Parti En Pèlerinage...

Vers des Contrées
Fleuries x Pourpres_

En Quête de
L'Ivresse Sans Origine

x De L'Origine
Abstruse_
De L'Ivresse...

Bois à Même Les
Courbes de La Lune
Ô Frère_ !
Si tu Le Veux
Sans que l'On te Juge...

Moi, Je Suis
Derviche, Pour Faire...

Ce qu'Il y a Lieu
De Faire Sans Réfléchir...

128.

Sachant que
Je Suis Derviche

Tu Veux Me
Défendre
de Boire...

Saches que
Le Vers d'Al Khôl

N'Est pas Interdit,
Aux Lisières
De L'Art
Du Sacré...

129.

Qui a Vu
Sa Propre
Folie_ Ne
Cherche Jamais
à Avoir Raison_

Bois du Vin_
x Tu Contempleras
Aisément
L'Horizon_
De L'Aube...

130.

Evocation/s...

Du Courroux_
De La Corolle,
A L'Invective...

Le Bon Cru x
Le Bien Fondé
De L'Ivresse

N'Est pas
Numéroté En
Blues_

Qu'Il s'Agisse_
De 12 Princes
Ou de 12 Apôtres...

131.

Si tu As
Vu ta Propre
Folie
C'Est que tu
Es Sauf...

'AKA'

132.

Trop Pauvre pour
Être Maitre...

Trop Amoureux

Pour ne Pas
Croire En L'Al Khôl...

J'Opère,
Âpre x Silencieux_

En Méthode
Pourpres
D'Art Dervichique
Ciselé/es...

133.

Quand tu Auras
Affronté La Folie
Tu Comprendras
Le Cœur des Hommes

'AKA'

134.

Un Pourquoi
N'Est pas
Nécessaire...

Vivre,
Ici x Maintenant
L'Est
Beaucoup
Plus
....

Ne Tarde pas
A Rougir
D'Un Verre de
Vin_

Ne Renonce
Pas à La
Gloire d'Être
Libre...

135.

J'Ai Une
Tendance
Naturelle à ne
Pas Savoir...

x A Traverser
Des Epreuves, qui
Laissent un
Cœur En Paix...

Sers-moi Un
Peu de Vin, qui
Brûle, Ô Princesse
Des Fleurs...

Je Veux Célébrer
L'Ivresse Afin de
Ne Me Rappeler de
Rien...

136.

Il n'Y a
Que L'Honnêteté
D'Un Cœur
Pour Sauver
Une Âme...

Il n'Y a
Que La Mesure
Pour Affronter
L'Epreuve_
De La Frayeur...

Le Meilleur de
La Prière,
N'Est pas
L'Heure, Mais
L'Ivresse...

Le Tempérament
Importe Peu
Au Frère_
Sincère...

137.

Bois Le Verre
De Vin Avec
Sagesse...

Pratique
L'Ivresse Avec
Humilité...

Ne Cède pas
Aux Sirènes
Du Non-Sens
Avenant...

De ce Que
Personne
N'a La Prétention
De Savoir...

138.

La Musique
Des Formes
Géométriques
Est Significative
Au Très Ivre_
Poète...

139.

Je Suis
Poète_

Je m'Exprime
En Géométrie
Pure...

140.

Je Suis
Poète_

Je m'Exprime
En Géométrie
Pure
D'Abstraction
Silencieuse...

141.

Le Derviche
Voit En Le
Dôme_

Le Visage Rond,
D'Une Fleur
Aux Lèvres de Pétales
De Roses...

Frais_
x Couronné
D'Une Rosace...

142.

Je Suis Poète
Je m'Exprime
Par Silences
De Géométrie
Pure…

143.

Je Suis Poète_

Je m'Exprime
Par Géométrie
Pure
D'Abstraction
Evanescente...

144.

Le Derviche
Danse_
Enivré de
Rosaces

Face Au
Silence
Pur_
D'Abstraction
Géométrique...

145.

Ma Poésie
Est Abstraction
Géométrique
Pure...

146.

Qui Boit
Du Vin
N'Est pas Un
Maitre_
Mais Connait
Le Sens des
Lettres x de
L'Art...

147.

Tu Prétends
Être mon
Maitre,

Moi, Je Sais
Que je n'En Suis
Pas Un...

Quiconque
M'Imite Sur La Voie
Perdra Très Vite Le Sens
Des Réalités...

Je Bois Un Verre
De Vin...

Je m'Assoupi
En Ivresse de
Songes...

M'Eveille
Tôt, Un Matin
sans Heures...
Pour m'Incliner
Sur Tapis
Rouge...

148.

Le Derviche
Enivré

Entrevois_

Le Calame
Esquisser
Les Lettres
En Danse
Géométrique
Guidé/e
Par La
Virtuosité
De L'Al Khôl...

149.

Si
Quelqu'un
Se Présente
Devant toi
Pour te Dire
Qui tu Es
Tu Sauras Tout
De Suite à
Qui tu As
A Faire...

150.

La Voie de
L'Al Khôl
Est Une
Voie de Piété...

Je Danse,
Je Danse...

Jusqu'à ne
Plus Voir
L'Horizon....

Je Verse
Un Autre Vin
Pourpre...

Avant de Prier
Sur Tapis Rouge...

Je Prends Le
Temps de Méditer
Sur Les Silences
De L'Ivresse Brève...

151.

Je me Lève
Tôt, Le Matin_

x Pratique
Une Prière
Intense En
Ivresse/s...

... Porte Bonnet Rouge
x Sarouel...
x Me Ballade,

Au Bord d'Un Lac
Miroitant_
Les Lueurs Douces,
D'Une Aube Rafraichissante...

Riche, En
Esquisses d'Espoirs...

Etourdissante,
En Abimes de Trêve...

Que La Bénédiction
x La Paix Viennent
Sur toi_
Dès Maintenant,
Si tu Sais de
Quoi Je Parle...

152.

Le Poète
Est Un Ange
De La Beauté

x Un Archange
De L'Ivresse
En Caresses Prudes...

153.

Si tu As Su
Distinguer Le
Vrai du Faux

Sans Avoir
Jamais Rien Vu

C'Est Que tu As
Un Cœur
Sincère...
Mon Frère....

Ne te Méprends
Pas_

Le Vin a Sa
Raison d'Être,
En Parfums
D'Oraison Prude...

154.

Ne Cherche
Pas à Savoir qui
Est Le Plus Noir
De Nous_

Deux_

Les Colombes Ivoires
Se Sont Fardées
De Khôl_ Pur_
x Enivrant...

Je Danse, Je Danse,
Ivres de Pétales
De Fleurs_ Jolies x

Closes...

J'Entrevois Une
Issue Ebène En
Rosaces de Belle
Aube... x Lumière
D'Eclat...

155.

Je Suis un
Homme de Prière
x De Vin_

Adepte
Extatique de
L'Ivresse_ x
De La Tourbe...

Soûl, x Grave,
Dansant_
Enivré, d'Encens
x De Parfums...

J'Esquisse
Un Air_ de
Mélodie à L'Aube
Crainte qui
Déjà Renait...

156.

Je Crois En
L'Horizon...

A La Raison
Troublée Par
Le Raisin_

Pour Une_
Sanctification...
Du Terrain de
L'Ivresse Pure

Ou se Jouent
Les Coupoles
x Vagues
Chancelantes...

De La Danse
D'Improbables
Derviches...

Trop Soûl
Pour Mourir...

157.

J'Ai Pratiqué
La Guerre
Contre moi Même...

x Je Suis Mort
Sur Le Chemin
De L'Amour...

Réserve-moi Un
Peu de Ton Parfum,
Ô, Fleur
D'Indécence...

Ivre d'Encens,
Je Danse, Dans Le
Séjour des Derviches,
Qui n'Ont Jamais
Existé... !

158.

Je Suis mon
Propre Ennemi...

Je ne Suis pas
Celui des Autres...

159.

J'Ai Combattu
Contre moi
Même, x J'Ai Vaincu...

160.

Au Cœur
D'Un Voyage...

Parmi Les
Roses_
Des Steppes...

Face à La Lune...

Je Prie
La Rondeur

De se Faire
Courbe

Tranchée

Au Mitan de La
Nuit Opaque
Des Banquises...

Sobres

D'Être Glacées,
D'Ivresse/s Frêles,
x Si Bien Délicates...

A Mourir Ombres...

x Renaitre Roses Noires...

161.

J'Ai vu Un
Lion Prononcer
Ton Nom...

x Son Cri,
Résonner_ à
Travers Les
Confins du Néant...

Pour se
Convertir En
Production/s de Cercle/s,

x Par Amitié,
Seulement...

J'Ai Saisi Ta
Main...

x Vu La Beauté
M'Eblouir,

Pour Avoir Eté
Un Frère
Un Moment de Plus...

162.

Le Fez x
Le Lion...

La Grâce x
Le Pardon...

De Agadez_
Jusqu'A Grenade...

La Courtoisie

A Mauresque...

A Semer Les Pétales,

A Venir...
Du Parfum d'Etre_

Humain x Frère...

Jusqu'à Ce Que
L'Aube Nous Vienne
En Aide...

x Face Eclater La
Gloire de L'Un.

163.

J'Ai Parsemé
Des Pétales
Sur Les Bords
Du Lagon

x J'Ai Récolté
La Paix...

J'Ai Vu Les Nénuphars
Fleurir_
Sur L'Horizon_
Doux...

x Le Néant
Clos_
M'a Donné
Raison_
En Ivresse/s...

'AKA'

164.

La Rose
Empourprée
De Songes

Grenade...

S'Est Fait
Voile_

Onyx...

Aux Velours
Tendres
D'Ebène/s...

x Des Parfums
Ors_ de Musc...

Je n'Irai pas
A Un Pas de Plus...

Vers Les Dômes
En Rosaces,
D'Iran_

Sans m'Etourdir
De L'Art_
D'Être Ivre, x_
Dansant_

De L'Un...
x De La Beauté

De Lune_

En_ Eclipse...

165.

Le Goût des
Baies Sauvages...

x De La
Rosace du Pardon

N'Inspirent de
Mot à Dire

A Qui n'A Su
Être Pauvre...

Mais Rougit,
Pourpre_
Déjà

De Tonalités
Printanières
Exquises

Le Haut Fez
Du Derviche...

Qui n'A Su
Que Boire x
Oublier...

166.

Drapé d'Indigo
Noir Profond

Le Regard
En Biais,

x Un Sabre à La
Main....

Je Monte
Un Destrier_
Blanc x Pur_
Par Ivresse
D'Être Epris...

Pour Un Horizon
D'Unité,
N'Ayant Jamais
Abdiqué_
La Pourpre
Oraison...

x Par Quête
Résolue_
De La Lune
Conquise_
D'Être Libre...

167.

Fleur
D'Ebène...

Corolle
D'Ivresse
Nuit...

La Rosée de
Cristal_

Chante, Déjà_

L'Oubli
D'Un Souvenir_

En Rasade
Pourpre_

Pour Un
Coma_

Ultime_

De
Résurrection...

x De Décence
Fleurie...

168.

Ma Vertu de
Rose Noire...

En Miroir
Sans Reflets...

M'a Perdu, puis
Retrouver_

Aux Abysses
De L'Opaque
Sans Fond...

Dans La
Tendresse, des
Rêveries, Velours...

Le Pourquoi de
Volutes x Cendres...

N'Ont mis Fin
Aux Contes de Fées_

Que Pour que
L'Ivresse Nous
Soit Rendue...

169.

J'Ecris,

Je Prie...

x Je Trace_

Des Versets...

On Peut Comprendre
Ou Ne Pas Comprendre...

La Fleur
Exquise, Est Toujours
Prompte à L'Ivresse...

170.

La Négritude,
Tant Aimée_
M'Est Un Inconnu...

Je ne Songe
Qu'Aux Roses
Eprouvées, Sur
Bords de Rivières_

Sombres...

Aux Pétales
D'Onyx...

Aux Arabesques,
De Feuilles,
Rondes...
Exhalant,

... Parfums_
D'Emeraude/s...

Noir Profond,
En Catalepse/s_
Denses, x Imprévues...

171.

J'Entrevois_
Un Nouveau, Velours,
Pour Les Fleurs
Hautes_ Jamais
Conquises...

Une Rosée, Douce,
Pour Leurs Pétales,
Beaux, Qui Rendent,
Ivre... x Troublé...

J'Ai Vu Tellement
De Roses_ Que Ma Prose_
Est DraS - Tique...

J'Ai Bu Tellement
De Vin, Que
Mon Fez_ Est Rouge_
x_ Pourpre...

'AKA'

172.

L'Objet de ma
Foi, n'A Pas
Révélé Son
Nom...

Ma Manière de
Prier Reste_
Iconoclaste...!

Je n'Ai pas
De Religion
Aux Yeux
Erudits_
D'Autrui...

Je n'Ai Point
D'Oraison/s
Autre, Que
La Grâce du Soir
Tardif_ x Pourpre...

Verse-moi Un Peu
De Vin Clair, Ô
Lune_ Candide...

Procure-moi Un
Peu d'Ivresse,
Ô Danse, Sélène_
x Sourde...

Si Je ne Finis
Sur Tapis Rouge,
Ivre d'Avoir Compter
Les Perles du Raisin...

C'Est Que La Terre des
Vertus, Ne Fut Jamais
Faite_ Pour Être Conquise...

173.

Le Non-Sens
Est L'Impasse Poétique
Qui Libère des Faux
Semblants...

174.

Comprendre
N'Est Pas
Nécessaire...

175.

Dans Une Oasis...
Toutes Les Fleurs,
Jolies_
Sont Nées d'Eau
Pure...

J'Ai Parlé Avec Les
Oiseaux_

J'Ai Chanté La Douceur
Du Vin_

Je n'Ai pas Marché
Dans Le Désert,
Pendant des Mois_
x Des Lustres...

Pour Cesser d'Être
Le Poète_
De L'Unité du Réel...

x Craindre...
La Royauté de La
Pauvreté Insoumise...

176.

Boire du Vin N'Est pas
Un Privilège...

C'Est Le Lot
D'Être Pauvre...

177.

Si Tu Veux
Parler Au Bouton
Clos_ x Doux...

Il te Faut Être
Ivre x Avisé
En Vin_ x
Grâce de n'Avoir
Rien Vu...

178.

Nègre n'Est
Pas Noir...

Noir, N'Est
Pas Nègre...

Impossible
N'Est pas Sensé...

Censé, N'Est
Pas Sincère...

A La Lisière
Du Temps_

x Des Corolles_

Redoutées...

L'Âge du Zéro,

A Craint, de
Révéler, Ses
Secrets à L'Un...

x De Les Voir
En Désordre…

Dans Le Néant des Siècles…

179.

Il y a Des
Réalités Sur
Lesquelles Je ne me
Prononce Pas...

180.

Il Faut Vivre x
Lire...

Il Faut Lire
Sans Réfléchir...

181.

J'Ai Appris
A Aimer_ d'Une
Autre Manière...

Là Où Les Ronces
N'Ont pas Demeuré,
Devant Les Fleurs Chastes...

Sois Sans Crainte...

Je Bois Un Verre
De Vin_

Pour Que Désormais,

Toi Aussi, Pauvre,
Tu Le Saches Aussi...

182.

Les Milles x
Un Visages...

Ne Disent Rien,
Du Détail, Le Plus
Insignifiant...

Sache Que

Je Leur
Préfère_ La
Boisson...

x Le Néant Pur,

Profus En Corolles_
D'Ivresse de L'Aube,

Promesses d'Un
Salut à La Clarté
Radicale...

Donnant Sur
Un Horizon Paisible_
De Rêveries Flamboyantes...

x Pourpres...

Offrant Une
Coupe de Vin_

A Qui Sait Songer_ Sans Dormir...

183.

Que tu Crois
Qu'Une Chose
Existe Ou
Pas...

La Différence
N'Est pas
Si Grande_

x Il te Faudra
La Respecter...

Envers x
Contre Tous...

Je Bois à
La Santé...

Du Revers du
Détail...

x Me Fonds,

Transi
Dans L'Ivresse...

Sans Croire_
Aux Réalités_
Sans Âmes Eprouvées...

184.

Le Verre de
Vin a Mis Fin
A La Douleur
De L'Ostracisme...

Si tu Ne Peux
Le Saisir,
Ne Condamne Point
Le Frère des
Oiseaux...

Je Suis Derviche_

Je Danse, Tête Nue_
Ou Couverte d'Un
Fez...

Pour Les Beaux
Jours, de L'Aube...
x Les Cieux Absents...

Au Parfum de Rose,
Empourpré/s...

185.

Tu n'As pas
Tardé à Comprendre...

Tu As Vu La Raison
De La Beauté En Eclipse...

La Grâce de
La Rose Noire...

Est L'Oracle du
Pardon...

Pour Quelques
Dattes...

x Un Peu d'Eau
Fraiche...

Je Pose Mon Front
Humble, Sur Un Sol,
Dur...

x Il n'En Sera_ pas_
Autrement...
Hier...

Ou Demain...

Si L'Instant A Eu_
Tant de Choses à Dire...
x A faire Méditer...

186.

Le Front et les Mains,

Le Sol Pauvre, et Humble…

Cela me Suffit,
Sinon Quoi d'Autre ?!

De L'Eau Fraiche x Des Dattes …

187.

Quand On Sait qui
On Est
On ne Cherche Pas
A Savoir Qui Sont Les
Autres…

Quand On Cherche à
Savoir Qui
Sont Les Autres,
On ne Sait pas
Qui On Est…

188.

Nous ne Sommes pas
Plus Blanc Que toi

x Tu n'Es pas
Plus Noir Que Nous

L'Intransigeance
De La Clarté
Radicale

Est Une Rose
Noire_
Au Sujet de Laquelle
Tu ne Sais Rien...

'AKA'

189.

L'Un

Est Au Cœur
Du Zéro…

Le Zéro

Est l'Âme Epanouie,
De L'Un…

Le Point, Est
La Réalité, Infime,
x Obligé_

De La Droite…

Qui
Ne Révèle_
Jamais, Le Secret
De La Gauche…
Prompte à Chavirer d'Ivresse/s…

Bio x Infos.

'Après L'Eau,

Le Vin n'A
Plus La Même Couleur...'

'AKA'

'Je Suis
Une Rose
En Iran'

'AKA'

Bio

AKA Louis est un Poète et Créateur de Dessins Artistiques, Auteur d'Opus Poétiques Littéraires, Audio et Visuels. AKA Louis publie régulièrement de nombreux ouvrages, parmi lesquels, des Recueils de Poésie, évocateurs, et rafraichissants, ainsi que quelques Recueils d'Esquisses Couleur, accompagnés de Textes liés à des thèmes forts et inspirants.
Les Dessins Artistiques d'AKA Louis, sont des Créations qu'il nomme 'Esquisses Colorées', et qui se situent entre le Dessin et la Peinture...
Pour exprimer et partager, son goût d'une Vie Intérieure fleurie, et positive, AKA Louis utilise les Feutres à Alcool, Les Pinceaux, L'Encre de Chine, et toute une variété de pointes fines et biseau traçant la Beauté du Monde, et l'Originalité saisissante de l'Art de Vivre authentique.
Les Œuvres Graphiques d'AKA Louis tendent, en partie, à se diriger vers la Peinture sous une forme expressive et abstraite...
Le Nom de Plume d'AKA Louis, fait d'abord référence, par Jeu Phonétique, au vocabulaire Japonais, mais peut aussi s'interpréter selon une lecture originale de différentes Langues Orientales. On y retrouve les Notions de 'Frère Ainé', d'émotions liées à la Couleur Rouge, à la Clarté et à la Lumière, ainsi qu'à l'Ivresse, à la Marge et au Plaisir de Vivre. AKA Louis est également Musicien et Lyriciste sous un autre nom d'Artiste, en tant qu'Auteur, Compositeur, et Interprète de nombreux Projets Musicaux.

Contact

akalouis.plume@yahoo.fr

Liens

Twitter
@AKALouisPoete

https://twitter.com/AKALouisPoete

Facebook
https://www.facebook.com/akalouisecrivain/

YouTube

Chaîne :
AKA Louis/Poète x Illustrateur

Tumblr
http://akalouisecrivain.tumblr.com/

AKA Louis/*Silent N' Wise*
http://akalouis.silentnwise.com/

www.akalouisportfolio.silentnwise.com

Ouvrages de l'Auteur

Les Axiomes Démasqués
(Recueil de Textes et Nouvelles) (2015)

Le Recueil D'Esquisses Colorées
(63 Croquis Colorés et 7 Textes Poétiques)
(2017)

The Colored Sketches Collection
(63 Colored Sketches And 7 Poetic Texts) (2017)

Derviche/s
(Portraits d'Anachorètes en Peinture/s)
(2018)

Dervish/es
(Portraits of Anchorites in Sketche/s)
(2018)

Le Frère
(Salutations à Mes Frères en Ivresse/s)
(2018)

Ô, Rose Noire d'Iran
(Pèlerinage Vers L'Unité
Interne de La Beauté)
(2019)

Le Disciple de La Colombe
(Une OEuvre Poétique En
Hommage à Malcolm X) (2019)

La Proclamation du Raisin
*(Manifeste Poétique
d'Ivresse/s & de Délivrance) (2019)*

La Rose Andalouse *(2020)*
(Patchwork de Poésie x de Culture/s)

La Coupe de Vin &
L'Arabisme
*(Ou La Voie Poétique
des Lettres & des Versets) (2020)*

L'Origine du Martyr
*(Entre Le Mensonge & La Danse,
Sans Fin/s...) (2020)*

Les Lettres d'Arabisme/s
*(Manifeste d'Engagement Poétique
De Versets & de Lettres) (2020)*

Les Lettres Marginales
*(Ou, L'Aurore Des Marges
& Des Dunes) (2021)*

La Fleur De Sincérité
*(Ou, La Poésie, L'Issue De
L'Impasse) (2021)*

La Cité de L'Aube
*(2021) (Photos Artistiques, De La Ville De Créteil,
De Paris, & des Environs - Version Noir
& Blanc Et Version Couleur – FR/EN/)*

AKA Louis
Conseils de Lecture /1

Mes Meilleurs Ouvrages Sont mes Recueils de Poésie. Ce sont les seuls que Je Conseille, aux Lecteurs, désireux, de connaître ma Littérature. Les plus Notables sont, mes derniers Ouvrages, depuis 'Le Recueil d'Esquisses Colorées'. Les Ouvrages Antérieurs Sont Moins Réussis. 'Ivresse de l'Eau', qui évoque le Temps Originel, comme une bonne part de mes livres, de manière plus ou moins évidente, est un Livre intéressant, mais il contient des maladresses, tout comme 'Origine/s', qui reste un Ouvrage audacieux. Mes autres Travaux sont plus ambigus, en termes de valeur littéraire, et d'interpellation du lecteur, selon moi. 'Les Axiomes Démasqués', m'ont valu d'excellents commentaires, et critiques de lecteurs, captivés par sa narration, et sa singularité, mais sa syntaxe, et son esthétique formelle, reste pour ce qui me concerne, plutôt, inaboutie… C'est un livre, particulier, que J'ai écrit, pour régler, une dette, que J'avais envers la Vie… Je ne le conseille pas nécessairement, mais, il reste disponible à la lecture. 'Asymétrie Paradisiaque', et 'Ballade Anti/Philosophique', ne sont plus disponibles depuis le mois de Mars 2018…

AKA Louis,
Poète X Illustrateur.

AKA Louis
Conseils de Lecture /2

Les ouvrages publiés à partir du 'Recueil d'Esquisses Colorées' seront a priori d'un intérêt littéraire plus solide que mes tout premiers travaux poétiques, mais aussi d'une maîtrise plus aboutie en termes de proposition littéraire. 'ô, Rose Noire d'Iran' est, dans le fond comme dans la forme, un de mes meilleurs projets. Voici, dans un ordre aléatoire, une liste de mes ouvrages les plus incontournables :

'Le Recueil d'Esquisses Colorées'
'Derviche/s' / 'Le Frère'
'Ô, Rose Noire d'Iran' / 'Vision/s'
'Le Disciple de La Colombe'
'La Proclamation du Raisin'
'L'Origine du Martyr'
'Les Lettres d' Arabisme/s'
'Les Lettres Marginales'
'La Fleur de Sincérité'
'La Cité de L'Aube'

Nos Ouvrages Publiés Depuis 2019,
Sont Les Meilleurs, Les Recueils de Dessins,
Mis à Part, Pour Les Opus Importants...

J'Ai Vu_

Mon Soi_
Supérieur

x Je Suis

Devenu_ *Un
Derviche...*

'AKA'